Gaslighting erkennen und abwehren

Wie Sie emotionale Manipulation durch eine geliebte Person gezielt erkennen, sich davor schützen und Ihr Selbstbewusstsein bewahren

Sophie Immenga

INHALT

Vorwort

Sie stellen sich sicher die Frage, was Gaslighting ist. Man verbindet mit dem Wort Gaslighting vielleicht etwas aus dem Bereich der Elektronik, aber Psychologie? Leider ist der Begriff Gaslighting viel zu unbekannt, kannten Sie ihn zuvor? Dabei sind dieser Begriff und das, was er bezeichnet, ein wichtiges Thema. Man sollte mehr darüber sprechen und diesen Begriff viel mehr in Umlauf bringen. Wollen Sie wissen, was Gaslighting ist und ob Sie womöglich davon betroffen sind?

Gaslighting ist ein Begriff aus dem Fachbereich der Psychologie und beschreibt emotionalen und psychischen Missbrauch. Eine Vertrauensperson verändert Ihre Wahrnehmung, indem diese Person Ihnen durch wiederholende Aussagen und Verhaltensweisen nach und nach das Selbstvertrauen nimmt. In diesem Ratgeber erfahren Sie, was Gaslighting ist, wie Sie erkennen, ob Sie selbst davon betroffen sind und was Sie dagegen tun können. Würden Sie es merken, wenn eine Person, die Sie lieben, Sie so sehr verletzen würde? Würden Sie es überhaupt sehen wollen?

Was bedeutet Gaslighting?

G aslighting: Woran denken Sie, wenn Sie dieses Wort hören? Womöglich an Elektronik, aber nicht an Psychologie, nicht daran, dass es einen psychischen und emotionalen Missbrauch bezeichnet, von dem viele Menschen betroffen sind, vielleicht sogar Sie selbst.

Die Opfer, sogenannte Gaslightees, werden von ihrem Täter, auch als Gaslighter bezeichnet, gezielt manipuliert und verunsichert. Das Ziel der Täter ist es, die Realitätswahrnehmung, aber vor allem die Selbstwahrnehmung der Opfer zu verändern und gegebenenfalls zu zerstören. Gaslighting kann auch als eine Art des verdeckten Mobbings beschrieben werden, denn die Täter reden den Opfern ein, dass deren Sicht, Verhalten, Entscheidungen oder auch die Beweggründe falsch, inakzeptabel oder lächerlich seien.

Warum tut man so etwas? Das Ziel des Täters ist es, das Opfer so sehr in dessen Gedanken und Gefühlen zu verunsichern, dass die betroffenen Personen nicht mehr an ihre eigene Wahrnehmung glauben. Sie beginnen, sich selbst immer wieder und immer mehr in den Schatten zu stellen, und lassen sich von den Kommentaren Ihres Täters sofort verunsichern und hinterfragen sie nicht. Oder vielleicht genau das Gegenteil, sie beginnen, sich selbst zu durchleuchten, Entscheidungen zu überdenken, ob diese richtig waren oder ob man einen Fehler begangen hat. Sie beginnen, sich zu fragen, ob ihr Verhalten richtig ist, lachen sie vielleicht wirklich zu laut und deswegen kann niemand mit ihnen auskommen? Sind sie zu freundlich? Zu ehrgeizig?

Demnach bezeichnet der Begriff Gaslighting die gezielte Täuschung einer Person, um sie an ihrer Wahrnehmung zweifeln zu lassen. Die Opfer vertrauen sich selbst nicht mehr. Ihren Entscheidungen, ihrem Verhalten, selbst ihren Erinnerungen beginnen sie zu misstrauen. Dies erreichen die Täter meist durch Irreführung, Lügen, Leugnung und Widerspruch. Durch geschickte, über einen längeren Zeitraum angelegte Manipulation werden Zweifel gesät, sodass das Opfer irgendwann psychisch völlig destabilisiert ist.

Woher stammt der Begriff?

Der Name stammt ursprünglich von einem Theaterstück, "Gas light". Es wurde im Jahre 1938 von dem britischen Dramatiker Patrick Hamilton verfasst. Es war das erste Theaterstück, das sich mit dieser Art emotionalen Missbrauchs beschäftigte und dieses in der Öffentlichkeit ansprach.

Das Thema wurde jedoch erst mit dem Film "Das Haus der Lady Alquist" weltweit bekannt. In diesem Film versucht der Ehemann, seine Frau durch Kleinigkeiten in den Wahnsinn zu treiben. Er ändert beispiels-

weise die Beleuchtung durch Gaslichter in ihrem Umfeld, leugnet jedoch, dies getan zu haben, was dazu
führt, dass die Ehefrau beginnt, an ihrer eigenen Wahrnehmung zu zweifeln.

Seit den 1960er-Jahren wird dieser Begriff in der
Umgangssprache sowie in der psychologischen Fach-
sprache benutzt. Der Begriff ist jedoch bis heute viel zu
wenig verbreitet; die Opfer realisieren meist nicht, dass
sie davon betroffen sind.

Verlauf

Damit so ein Fall von Gaslighting überhaupt eintreten kann, bedarf es erst einmal einer simplen Voraussetzung. Opfer und Täter müssen in einem Vertrauensverhältnis stehen. Das kann das Verhältnis zwischen Arbeitgeber und Arbeitnehmer sein, aber auch zwischen Freunden, das Verhältnis zwischen Eltern und ihrem Kind, das Verhältnis zwischen Geschwistern, aber auch der eigene Partner kann zum Gaslighter werden.

Die Menschen, die Ihre größten Träume und Wünsche kennen und denen Sie vertrauen, können Ihre Ängste gegen Sie verwenden, sie sähen in Ihren Gedanken Selbstzweifel und Verunsicherung, sie machen

Sie langsam und gezielt kaputt. Der Gaslighter selbst ist meist eine sehr verunsicherte Person. Der Täter ist mit sich selbst unzufrieden und leidet vermutlich an Selbstzweifeln und Verunsicherungen, womöglich sogar an einer psychischen Krankheit wie Narzissmus. Dadurch, dass diese Person weniger mit sich selbst zufrieden ist, und durch das Ausüben dieser emotionalen Macht auf eine andere Person fühlen sie sich besser und erlangen mehr Selbstbewusstsein. Verluste oder die Verletzung der Gefühle anderer Personen und deren Psyche nehmen sie nicht wahr oder sogar gezielt in Kauf.

Sie werden auch nicht von heute auf morgen ein Opfer von Gaslighting. Es ist ein langsamer, schleichender und wiederholender Prozess, der über einen langen Zeitraum hinweg geschieht. Diese Person muss erst einmal Ihr Vertrauen haben oder erlangen. Außerdem ist es ein langwieriger Prozess, Ihr Vertrauen in sich selbst zu zerstören, oder? Die Antwort lautet Ja und Nein zugleich. Opfer von Gaslighting sind nämlich Personen, die bereits zuvor unter Gaslighting litten oder die zuvor bereits Zweifel an ihrer eigenen Person hatten. Diese Personen, die schon einmal den Schmerz von Gaslighting erleben mussten, sind schneller zu brechen. Jedoch kann es selbst in solchen Fällen mehrere Monate bis Jahre dauern, bis diese Person unter psychischen Störungen leidet. Auf der anderen Seite gibt es selbstbewusste, psychisch gesunde Menschen, die als Opfer von Gaslighting betroffen sind. In diesem Fall kommen die Täter aus einem viel engeren Vertrauensverhältnis, wie die Eltern, die Geschwister oder der Partner. Bei diesen Personen dauert es eine längere Zeit, bis diese Person und ihre Psyche anfängt, nach und nach zu bröckeln, es benötigt eine Dauer von Jahren bis Jahrzehnten.

Es beginnt damit, dass der Täter existierende Dinge und die eigenen Verhaltensweisen und vergangene Ereignisse zu verleugnen versucht. Dadurch beginnt das Opfer, sich zu fragen, ob die Erinnerungen und eigenen Wahrnehmungen der Wahrheit entsprechen und zweifelt an sich selbst. Sie beginnen, an Ihrer eigenen Wahrnehmung, an Ihren eigenen Erinnerungen und an dem eigenen Verstand zu zweifeln. Sie vertrauen mehr auf die Aussagen des Täters, schließlich ist diese Person eine Person, der Sie vertrauen, richtig? Sie würde Ihnen nie etwas Böses wollen, nicht wahr? Opfer vertrauen blind auf die Aussagen der Gaslighter, sie holen sich selbst bei Freunden und Familienmitgliedern keine weitere Meinung ein. Versucht man, den Täter auf seine Verhaltensweisen auf einer sachlichen

Ebene anzusprechen, reagieren diese schnell aggressiv oder eventuell sogar gewalttätig. Täter handeln sehr geschickt, oftmals versuchen sie auch, mit Erfolg dem Opfer einzureden, dieses sei verrückt.

Diese Methoden, die von Gaslightern verwendet werden, sind Methoden von Narzissten, Demagogen und religiösen Führern. Diese Methoden stellen einen selbst auf ein Pult der Unantastbarkeit, sie verletzen andere Menschen, um sich selbst besser zu fühlen. Jedoch ist den meisten Tätern nicht bewusst, dass Sie als Gaslighter fungieren, dabei ist davon auszugehen, dass sie unter einer dissozialen, narzisstischen oder psychopathischen Persönlichkeitsstörung leiden.

Vorerst muss man sagen, dass in gewisser Weise alle Menschen Narzissten sind. Natürlich möchte man auch für die Freunde, Familie und den Partner nur das Beste, aber letztendlich möchte auch jeder für sich selbst einen großen Erfolg, Gesundheit und Glück im Leben. Diese Züge können sich aber auch in eine krankhafte Weise umwandeln, dann spricht man von einer dissozialen Störung in Form von Narzissmus. Menschen mit dieser Störung sind krankhafte Lügner. Auch hier muss man wiederum sagen, dass Lügen nicht generell direkt diese Krankheit bedeutet, denn letztendlich lügt jeder in seinem Leben ein paar Mal, es kommt jedoch auf die Dosierung und die Art der Lügen an. Narzissten haben in ihrer Kindheit gelernt, dass sie nur von ihren Eltern geliebt werden, wenn sie etwas leisten. Dieses Verhalten nehmen sie in ihr Erwachsenendasein mit. Sie denken, sie werden nur geliebt, wenn sie etwas leisten und sich verstellen. Also beginnen sie zu lügen, um den Erwartungen entsprechen zu können, obwohl sie das nicht selbst sind. Sie erstellen ihr eigenes Selbst, ein Selbst, frei von Fehlern oder jeglichen Makel, ein perfektes Selbst, dem sie nie entsprechen könnten, aber das Gefühl haben, dass von ihnen erwartet wird, dieses perfekte Selbst zu sein.

Andere perfide Methoden sind, wenn der Gaslighter Menschen im sozialen Umfeld des Opfers angreift, um diese von seiner Meinung zu überzeugen. Meist ist es ein gezieltes Verhalten vom Gaslighter. Es geht dem Täter um Macht, denn er oder sie selbst besitzt keine Macht über die eigenen Gefühle und leidet meist selbst an mangelndem Selbstwertgefühl und versucht, sich selbst durch diese Machtausübung auf das Opfer besser zu fühlen.

Selbst im Bereich des sexuellen Kindesmissbrauchs oder auch andere Formen des emotionalen Missbrauchs wird Gaslighting eingesetzt, um dem Opfer zu vermitteln, dass die Dinge, die geschehen werden oder schon geschehen sind, vollkommen legitim und normal seien. Diese Methode wird benutzt, um das Opfer während der Tat zu manipulieren. Gaslighting wird in dieser Weise auch verwendet, um die Erinnerungen an diese Ereignisse zu manipulieren oder zu löschen, aber auch, um ein Abhängigkeitsverhältnis herzustellen.

Ähnliche Methoden findet man bei zum Beispiel in totalitären Sekten, es ist ein zum Beispiel potentes Mittel im Rahmen von Gehirnwäsche, "Zersetzung", Manipulation und Indoktrination, welches Anwendung findet und beim Opfer unter anderem zu tief greifender und nachhaltiger, teilweise existenzieller Verunsicherung und Verwirrung, zu Schwächung und Schädigung des Selbstbewusstseins, der Persönlichkeit und Widerstandskraft, zur Herbeiführung von Angst- und Panikzuständen bis hin zu Wahnvorstellungen und psychotischen Zuständen führen.

Es geht dem Gaslighter darum, die Wahrnehmung der Realität bei seinem Opfer zu manipulieren.

Wie wirkt Gaslighting?

Die Opfer der Methode des Gaslightings erleiden oftmals komplexe und schwergradige psychische Erkrankungen. Stellen Sie sich das vor, Sie vertrauen einer Person, Sie schätzen ihre Meinung und was tut diese Person? Sie manipuliert Sie. Dieses Wissen, dass Sie ihr vertrauen, wissentlich zu missbrauchen und es gegen Sie zu verwenden ... diese Person macht Sie schlecht und verunsichert Sie nur, weil es dieser Person ein Gefühl der Macht gibt.

Die Opfer solcher Taten fallen in ein Loch. In ein Loch aus Misstrauen, aber nicht nur Misstrauen gegenüber dieser Person, sondern auch gegenüber sich selbst und jeder anderen Person, die bereits in Ihrem Leben ist oder die versucht, in Ihr Leben zu treten. Sie misstrauen Ihrem Urteilsvermögen. Nicht nur, weil es die Methode des Gaslighting ist und der Gaslighter genau das zu erreichen versucht, sondern auch, wenn Sie dahinterkommen.

Wenn Sie sehen und verstehen, was passiert ist. Dass Sie diese Anzeichen nicht gesehen haben, die Anzeichen vielleicht sogar gesehen haben, aber ignoriert haben oder als Phase abgestempelt haben. Sie haben nicht auf Ihr Bauchgefühl gehört und ist das nicht das, worauf man sich immer verlassen kann? Aber Sie haben mehr Wert auf die Meinung dieser Person gegeben. Diese Person, die Sie immer wieder fertig gemacht hat. Ob es kleine Kommentare waren, wie "Sie sind unverantwortlich, wenn Sie das tun", "Sie werden sich Ihr ganzes Leben ruinieren, wenn Sie das machen. Sie werden mit Hartz IV enden, wenn Sie jetzt nicht auf mich hören". Diese Person beginnt, Sie in ein Abhängigkeitsverhältnis zu stellen, denn, wenn Sie nicht auf den Rat hören, wird es Ihnen schlecht gehen. Obwohl es sich für Sie richtig anfühlt, ob es jetzt ein neuer Job wäre, ein neuer Partner, eine neue Wohnung oder ein neuer Freundeskreis, Sie beginnen zu zweifeln. Was ist, wenn diese Person wirklich recht hat? Vielleicht ist diese Vorfreude, dieses Gefühl der Geborgenheit, der Liebe oder der Freude und Zuversicht nur temporär. Was ist dann? Sie fangen an, nicht mehr an Ihre Träume zu glauben. Sie fangen an, sich und Ihre Qualitäten anzuzweifeln, Ihre Intelligenz, Ihr Charisma und Ihren Ehrgeiz. Sie beginnen, sich allein zu fühlen, denn die anderen Freunde, der Partner, die Verwandten oder einfach alle in Ihrem näheren Umfeld, werden als schlecht dargestellt. Denn laut dem Täter sind es genau diese Personen, die Sie letztendlich sabotieren werden, die Sie hintergehen, die Sie kaputt machen und gebrochen zurücklassen. Sie denken, dass diese Person, Ihr Täter, Ihr Gaslighter, Ihre einzige wahre und ehrliche Bezugsperson ist.

Oder ob es so weit war, dass diese Person versucht, Ihnen klarzumachen, dass Ereignisse nie so geschehen sind, wie Sie diese Situation in Erinnerung haben. Der Täter versucht, Ihnen einzureden, dass Aussagen nie getroffen wurden, obwohl Sie sich vollkommen sicher sind, dass es genau der Fall war. Aber dadurch, dass der Täter Ihnen so nahesteht, zweifeln Sie auch daran, ob diese Person Sie wirklich belügen würde. Denn vielleicht war es doch nur ein Traum, der Ihnen unheimlich real vorkam, und Sie denken, es wäre eine

Erinnerung, wäre doch möglich, nicht wahr? Sie verfallen in tiefe Depressionen, sowie Angst-, Panik- oder wahnhafte Zustände. Die Opfer können in eine posttraumatische Belastungsstörung verfallen oder eine dissoziative Störung entwickeln und ihre gesamte Persönlichkeit kann sich verändern. Das Opfer kann auch das Gefühl haben, den Verstand verloren und sein Leben nicht mehr im Griff zu haben. Weitere Begleiterkrankungen können auch körperlicher, psychosomatischer Art sein. Das Manipulationsmuster lassen sich erst mit etwas Abstand erkennen, das kann Jahre bis zu Jahrzehnten andauern.

Der ehemalige US-Präsident Donald J. Trump ist jemand, der sich selbst in der Öffentlichkeit an der Methode des Gaslightings bedient hat. Seine sogenannten "Fake News". Alles, was gesagt wurde, waren natürlich nur Lügen und einzig und allein seine Meinung war korrekt.

15 ANZEICHEN

1.

Der Beginn des Prozesses zeichnet sich dadurch aus, dass Sie sich selbst übermäßig zu kritisieren beginnen, was zuvor nicht der Fall war. Selbstverständlich ist etwas Selbstkritik normal, aber wie bei allem nur in gewissen Maßen. Wenn Sie bemerken, dass Sie ein viel nachdenklicherer Mensch geworden sind, sollten Sie nach der Ursache suchen. Wenn Sie beginnen, immer wieder Ihre eigenen Entscheidungen, Ihre Aussagen und Ihr Verhalten widerzuspiegeln und zu kritisieren. Woher kommt das Gefühl, etwas falsch gemacht zu haben? Womit hängt das zusammen?

Beispielsweise gehen Sie jeden Satz, den Sie in einem Gespräch gesagt haben, immer und immer wieder durch, fragen sich, ob Sie die korrekte Wortwahl getroffen haben, ob Ihre Grammatik richtig war, ob Ihre Stimmlage und Ihre Gesichtsausdrücke passend zu der Situation waren oder ob Sie womöglich zu viel gestikulierten.

Ihre Kritik an Sie selbst fällt plötzlich härter aus als jemals zuvor. Es kann sich auch bis zum Selbsthass ausbreiten. So, dass die Opfer anfangen, in eine Essstörung zu geraten. Personen mit einer Essstörung leiden meist unter dem Gefühl des Kontrollverlustes und dem Verlust des eigenen Selbstwertgefühls. Viele definieren sich, vor allen in jungen Jahren, über ihr Gewicht und ihre Figur. Sie sehen diese wunderschönen und perfekten Menschen auf Plattformen wie Instagram oder in Zeitschriften und denken, weil sie nicht so aussehen, seien Sie nicht genug und wären weniger wert. Sie beginnen zu hungern, magern sich ab und erhalten ein vollkommen falsches Bild von sich selbst, weil Sie sich selbst kritisieren und sich selbst hassen. Sätze wie "Du bist zu fett", "Du siehst so widerlich aus, sei froh, dass ich überhaupt noch etwas mit dir zu tun habe" sind keine Sätze, die selten fallen, wenn es um Gaslighting geht. Diese Kritik, die von außen entsteht und durch wiederholende Aussagen beibehalten wird, wird irgendwann zur eigenen und zum Selbsthass.

Das Gefährliche bei einer Essstörung ist, dass es irgendwann eine Sucht wird. Man genießt das Gefühl der Kontrolle. Das Gefühl, dass man selbst, wenn der Körper nach Nahrung bettelt, widerstehen kann und dies nicht tun muss. Viele verstehen nicht, wie man in eine Magersucht geraten kann, schließlich zerstört man sich selbst und hört auf, auf den eigenen Körper zu hören. Aber warum verfallen manche in eine Alkoholsucht oder in eine Art von Sucht? Es ist ein bestimmtes Gefühl, dass man begehrt. Bei einer Alkoholsucht genießt man das Gefühl des Kontrollverlustes, dass man vielleicht nicht über die Sachen, die im eigenen Leben falsch laufen, nachdenken muss und man sich in diesen Gedanken verliert. Diese Sucht entsteht auch aus der Kritik an sich selbst. Durch die Selbstkritik, vieles oder sogar alles im Leben falsch gemacht zu haben, und man mit diesem Gefühl, der Kritik und der Schuld, die man sich selbst auf die Schultern gelegt hat, nicht mehr zurechtkommt und sich selbst einfach betäuben will. Bei einer Magersucht ist es genau andersherum, man sucht nach dem Gefühl der Kontrolle. Überlegen Sie sich mal, wenn Sie gern eine Diät durchziehen wollen, was brauchen Sie? Disziplin und Kontrolle und genau dieses Gefühl, dieses Gefühl der Macht über seine Gedanken und seinen Körper, ist berauschend. Dass Sie sich selbst zerstören, beachten Sie einfach nicht.

Der Gaslighter injiziert aber genau dieses Gefühl. Er gibt Ihnen das Gefühl, etwas falsch zu machen, und Sie kritisieren sich selbst, halten Ihre Entscheidungen und Gedanken für falsch und beginnen, sich selbst zu hassen.

2.

Die Entwicklung vermehrter Selbstzweifel ist der zweite Schritt. Die Frage, ob man richtig, falsch oder zu empfindlich reagiert hat, steht im Raum. Man revidiert jede Situation des Tages, der Wochen und Monate. Sie gehen alle Situationen, Entscheidungen und Verhaltensweisen des Tages mit der Kritik des Gaslighters, die er Ihnen bereits mitgeteilt hat, im Hintergrund immer wieder durch. Und beginnen auf einmal, diese Kritik und diese Mängel an sich selbst zu sehen, die Sie vielleicht zuvor nie als schlimm empfunden haben oder die in diesem Ausmaß gar nicht existieren.

Aussagen des Gaslighters, wie "Sie lachen viel zu laut und viel zu komisch und deswegen möchte sich kaum einer freiwillig mit Ihnen unterhalten", werden plötzlich ganz wichtig. Sie gehen Gespräche und Ihre Verhaltensweisen immer wieder durch. Lachen Sie zu laut? Sie gehen die letzte Situation, in der Sie in einer Gruppe gelacht haben, durch und bemerken plötzlich, dass die anderen aus dieser Gruppe Sie komisch angesehen, Sie sogar belächelt oder ausgelacht haben. Vielleicht haben sie sogar angefangen, Sie hinter Ihrem Rücken nachzumachen und über Sie zu reden. Vielleicht sind Sie die neuste Witzfigur für das nächste halbe Jahr.

Sie beginnen, sich durch die Augen des Gaslighters zu betrachten und sich womöglich Sachen, die Sie vorher nicht bemerkt haben oder die gar nicht existieren, zu sehen, nur, weil Sie diese Kritik im Hinterkopf haben.

3.

Als Nächstes beginnt der Gaslighter, Ihnen zu sagen, was Sie zu denken oder zu sagen haben. Der Gaslighter beginnt, Ihnen zu sagen, dass Sie überreagieren, dass Sie zu euphorisch reagieren, zu traurig, zu wütend. Diese Person beginnt, Ihnen zu sagen, dass Sie falsch reagieren.

Zum Beispiel sagt er Ihnen, Sie sollten sich über eine selbstverständliche Sache, wie das diese Person das dreckige Geschirr in die Spülmaschine räumt, so freuen, als ob Sie soeben im Lotto gewonnen hätten. Auch Ihre Gedanken gegenüber anderen Personen, Filmen, Musik, Essen etc. werden beeinflusst. Sei es, ob nur die eine Musikrichtung "akzeptabel" sei oder ob diese eine Person die tollste wäre, die es auf diesem Planeten gibt, aber Sie beide vollkommen verschiedene Grundsätze haben und diese Person gar nicht in Ihrem Leben haben möchten.

Aber es wird Ihnen gesagt, wie Sie zu denken haben. Ab einem gewissen Punkt trauen Sie sich nicht einmal mehr, noch etwas zu sagen. Denn Ihnen wird eingeredet, dass Ihre Gedanken und Gefühle falsch seien, wie sollten Sie sich dann noch wehren, wenn Ihnen dieses Gefühl schon längst injiziert wurde? Wenn Sie schon viel zu sehr an sich selbst zweifeln, wie sollten Sie sich dann sicher sein, dass Sie dieses Mal richtig entscheiden, reagieren oder denken, wenn diese Person Ihnen immer wieder sagt, dass Sie falsch liegen?

Sie haben keine Kraft mehr für diese Diskussionen. Oder Sie denken ab einem gewissen Punkt selbst, dass Sie dieser Meinung sind und realisieren erst später, dass Sie sich verformt haben. Oder, wenn Sie bereits im Kindesalter unter Gaslighting durch Ihre Eltern gelitten haben, gar nicht erst selbst entfalten konnten.

4.

Der Gaslighter behauptet zu wissen, wie andere Menschen Sie wahrnehmen und was Sie von Ihnen denken.

Beispielsweise, dass andere Menschen Sie als egoistisch wahrnehmen, weil Sie sich auf Ihre Entwicklung konzentrieren oder sich gern um sich selbst kümmern und gern mal ein Bad nach einem langen Arbeitstag nehmen.

So etwas Natürliches, Schönes und eigentlich auch Selbstverständliches wird plötzlich als egoistisch dargestellt, obwohl das nur die Meinung des Gaslighters ist. Er schiebt diese Meinung auf andere, schließlich kann er nicht nur die einzige Person sein, die Sie sie kritisiert, nicht wahr? Schließlich müssen das auch Dinge sein, die andere Personen wahrnehmen und die sie auch stören.

Außerdem gibt der Gaslighter Ihnen mit diesen Aussagen, dass auch andere Menschen Dinge an Ihnen störend finden, das Gefühl, allein, nicht erträglich oder liebenswert zu sein. Wenn so viele Dinge an Ihnen verwerflich sind, warum sollte Sie dann noch jemand mögen?

5.

Die Täter neigen zu Lügen, Verleugnung, Übertreibung und Täuschung. Sie behaupten, Sie hätten Dinge getan oder gesagt, an die Sie sich selbst nicht erinnern können oder anders wahrgenommen haben. Sie beginnen wieder, an sich selbst und Ihrer Wahrnehmung zu zweifeln.

Der Gaslighter versprach Ihnen, er möchte noch gewisse Dinge bis zum nächsten Tag erledigen, die womöglich wichtig waren und abgesprochen. Am nächsten Tag ist nichts davon getan und der Gaslighter behauptet, dies nie gesagt zu haben und dass Sie sich das womöglich alles eingebildet hätten. Der Täter verleugnet Dinge, von denen Sie überzeugt sind, dass diese so geschehen sind, wie Sie es in Erinnerung haben. Sie vertrauen nicht auf Ihre eigene Meinung, Gedanken und auch Erinnerungen. Sie beginnen, sich langsam, aber sicher selbst zu verlieren. Sie misstrauen sich selbst: Wie Sie sollten Sie unter all diesen Lügen und Verleugnung erkennen, was richtig und was falsch ist?

6.

Die Opfer entwickeln immer mehr Schuldgefühle im Kontakt mit dem Gaslighter, denn der Gaslighter flößt Ihnen Schuldgefühle ein.

Sobald es nach einem Streit oder einer Auseinandersetzung darum geht, wer die Schuld an diesem Streit oder Konflikt trägt, sind es immer Sie. Niemand anderes trägt die Schuld. Für den Täter ist es noch nicht einmal eine Frage, wer die Schuld trägt, sondern eine Feststellung und eine Tatsache, die bereits feststeht. Sie tragen die Schuld an allem und machen alles falsch – in der Sicht des Täters. Vollkommen egal, was das Problem ist, es ist Ihre Schuld.

Die Opfer beginnen durch ihre Abhängigkeit zu dem Gaslighter und dem vermeintlichen Vertrauen, die Schuld bei sich selbst zu sehen und sich gegenüber dem Gaslighter ständig schuldig zu fühlen.

7.

Abwertung und Erniedrigung gehören zu Gaslighting. Durch die Erniedrigung des Opfers wird diese Person noch mehr in ihrem Selbstvertrauen geschädigt.

Der Gaslighter selbst kommt meist aus dem direkten Umfeld des Opfers und ist mit diesem sehr verbunden. Es kann die Beziehung zwischen dem Arbeitgeber und Arbeitnehmer sein, den Eltern und dem Kind oder die Beziehung zum Partner etc. In bestimmten Aussagen werden versteckte Vorwürfe injiziert. Es werden Vorwürfe an ein bestimmtes Verhalten des Opfers injiziert, selbst Charakterzüge werden kritisiert und als Vorwurf genutzt. Dem Täter ist vollkommen egal, ob es berechtigt ist oder nicht. Vor allem Kritik, die gegen generelle Eigenschaften des Opfers gerichtet ist, verletzt diese sehr. Beispielsweise sagt der Täter "Du hast ein viel zu lautes und schrilles Lachen, neben dir hält es ja niemand aus". Dieser Satz verletzt noch mehr, weil man schließlich nicht nur bei der Person lacht, sondern vor vielen Menschen, und was ist, wenn diese genauso denken? Was ist, wenn wirklich niemand in Ihrer Nähe sein will, weil Sie zu laut und zu schrill lachen?

Gaslighter wenden auch die Methode an, dass sie vermehrt Hoffnungen injizieren. Sie injizieren Hoffnungen und zerstören diese dann kurz später oder lassen sie auf ewig weitergehen und die Hoffnung der Person kann nie erfüllt werden, weil der Gaslighter auch aktiv gegen die Verwirklichung dieser Hoffnung arbeitet.

Ein weiterer Grund für den Gaslighter, die Methode der Erniedrigung zu verwenden, ist, dass Gaslighter meist selbst unter psychischen Krankheiten, Selbstzweifeln und Depressionen leiden.

Die häufigste psychische Krankheit unter Gaslightern ist Narzissmus. Narzissten leiden meist in ihrer Kindheit unter dem Gefühl, nie genug zu sein und nie den Ansprüchen der Eltern oder Lehrer oder Personen, die einem nahestehen und deren Meinung wichtig ist, zu entsprechen. Dadurch leiden Sie an dem Gefühl der Wertlosigkeit und der Machtlosigkeit. Sie fühlen sich besser, wenn sie jemand anderen herabsetzen und dasselbe Gefühl der Wertlosigkeit vermitteln können. Wenn es dank ihnen jemanden schlecht geht, geht es ihnen automatisch besser und es ist vollkommen egal, wie sehr sie dieser Person schaden. Das Ziel ist, dass das Opfer emotional abhängig wird.

8.

Entwicklung einer emotionalen Abhängigkeit: Jeder kennt eine emotionale Bindung, aber was ist eine emotionale Abhängigkeit?

Wenn Sie das Gefühl haben, Sie können ohne diese Person nicht leben. Die Abhängigkeit in der Situation des Wohnens, der Finanzen und der Lebensmittel ist damit nicht gemeint, sondern, dass Sie sich ohne diese Person leer fühlen, hilflos oder auch zwecklos. Sie fühlen sich ohne diese Person allein, Sie haben das Gefühl, außer dieser Person niemanden mehr zu haben. Das ist nämlich eines der Ziele des Gaslighters, dass Sie sich ohne ihn verloren fühlen und unter seinem Einfluss stehen bleiben. Ein auffälliges Anzeichen ist, wenn Sie vor der Beziehung nicht dazu geneigt waren, sich zu sehr an eine Person zu binden und anhänglich zu sein.

Sind Sie schon mit Ihrem Partner zusammen, mit dem Sie Ihr Leben verbringen wollen? Letztendlich wollen Sie diese wichtige Person doch auch nicht verlieren, nicht wahr? Könnte man das nicht auch als emotionale Abhängigkeit bezeichnen? Die Antwort lautet Nein. Denn so hart es klingen mag, aber Sie würden auch ohne Ihren Partner eine starke Person sein, Sie würden auch noch andere Freunde haben, die an Ihrer Seite sind. Trennungen sind schwer, wenn man auf einer emotionalen Ebene eng miteinander verbunden war, aber es würde Sie nicht so zerstören, wie jemanden, der emotional abhängig ist. Sie hätten noch ein Leben außerhalb, ein Leben ohne diese Person, Sie würden weiterhin Ihre eigenen Entscheidungen treffen können und auf sich selbst und Ihre eigene Wahrnehmung bauen können.

Bei einer emotionalen Abhängigkeit denken Sie, dass Sie diese Person unbedingt brauchen. Ohne diese Person wären Sie allein, denn Sie haben keine anderen Freunde, Verwandte oder Vertrauenspersonen. Sie denken, Sie wären ohne diese Person hilflos und nicht entscheidungsfähig.

Der Gaslighter sagt Ihnen, was Sie zu sagen, zu denken und zu fühlen haben. Diese Person gibt Ihnen das Gefühl, keine Entscheidungen treffen zu können, und irgendwann glauben Sie dieser Aussage und vertrauen sich nicht mehr selbst. Sie brauchen diese Anweisungen. Die Anweisung, was Sie in einer Situation zu fühlen haben, wann Sie glücklich sein sollen, wann Sie traurig sein sollen und wann wütend. Sie brauchen die Anweisung, was Sie bezüglich eines Teppichs, den Sie sich für Ihr Wohnzimmer holen wollten, denken sollen, ob er Ihnen gefällt oder nicht. Sie wissen ab einer gewissen Dauer und einem gewissen Ausmaß nicht mehr, was Sie zu denken oder zu fühlen haben, Sie werden abhängig und eine Marionette, die von ihrem Gaslighter gesteuert wird. Wenn Sie nicht einmal mehr für sich selbst denken, fühlen, sprechen oder entscheiden können, was sind Sie dann ohne diese Person?

9.

Ein weiteres Anzeichen ist, dass Sie kein Selbstvertrauen mehr haben, Sie zweifeln an sich selbst. Woher holen Sie sich dann Bestätigung und Anerkennung? Bei einer Person, die Ihnen nahesteht und deren Urteil Sie vertrauen: Ihr Gaslighter.

Sie suchen nach der Anerkennung des Gaslighters, Sie versuchen, alles perfekt zu machen, nur um ein einziges Wort der Anerkennung zu hören, aber es kommt nicht und es wird niemals kommen. Denn schließlich wird diese Person nicht anfangen, Sie für Ihr getanen Sachen zu loben. Die meisten Gaslighter sind Narzissten, Menschen, denen in Ihrer Kindheit gesagt wurde, Sie seien nicht genug, Sie wären nicht perfekt und würden es nie sein. Daher hat sich bei ihnen ein Zwang, ein Druck gebildet, immer perfekt zu sein oder es zumindest anzustreben oder zu lügen, damit man perfekt wirkt. Der bekannte Spruch "Fake it till you make it" stellt ziemlich gut eines der Anzeichen auf einen Narzissten dar.

Sie werden ständig von Ihrem Gaslighter kritisiert, Sie hören nur Kritik und dass Sie alles falsch machen. Bei wem suchen Sie sich dann die Bestätigung, dass Sie ein einziges Mal etwas richtig gemacht haben? Bei jemandem, der Sie für alles lobt und keine Makel an Ihnen sieht, oder bei einer Person, die das an Ihnen bemängelt und kritisiert hat? Sie wollen demjenigen, der Sie kritisiert hat, zeigen, dass er falsch lag. Sie wollen keine Anerkennung von jemanden, der immer "Toll" und "Super" sagt, denn Sie wissen, dass aus deren Sicht alles toll ist. Aber wenn man Kritik bekommt, möchte man doch damit arbeiten, oder? Man möchte besser werden und beweisen, dass die Person falsch lag, dass man es besser kann, dass man es richtig machen kann.

Aber dieser Punkt wird bei einem Gaslighter nicht kommen. Sie werden sich immer und immer weiter abmühen und es wird nie irgendwas, was Sie tun, ausreichen, um den Gaslighter zufriedenzustellen und ein Wort der Anerkennungen zu hören.

10.

Der Gaslighter macht häufig leere Versprechungen. Sie erklären eine bestimmte Absicht, tun jedoch meist aber etwas vollkommen anderes. Natürlich gehört das zum normalen Leben, dass man nicht alle seine Versprechen einhalten kann, und nur, weil man ein paar Versprechungen nicht einhalten konnte, ist man nicht direkt ein Gaslighter.

Aber Gaslighter betreiben gezielt diese Strategie. Sie sind nicht daran interessiert, eine Klärung oder Lösung zu finden. Für sie zählt nur eins: An allem, was passiert, tragen sie selbst keine Schuld. Die Schuld liegt immer bei jemand anderem, nur nicht bei ihnen. Meist liegt die Schuld an Ihnen, dem Opfer. Sie tragen die Schuld, weil Sie die Aussage mal wieder falsch verstanden haben, Sie tragen die Schuld, weil Sie eine Voraussetzung, die zuvor erfüllt sein müsste, nicht erfüllt haben. Vollkommen gleichgültig, was es ist, es ist Ihre Schuld.

11.

Drohungen und Erpressung: Manchmal drohen Gaslighter auch mit Suizid, wenn man sich nicht so verhält, wie sie es sich wünschen. Schließlich wissen sie, dass sie Ihnen, dem Opfer, wichtig sind. Sie wissen, dass diese Person in einer emotionalen Abhängigkeit zu ihnen steht und dass sie diese Person mit dieser Drohung dazu bekommen, immer wieder ein starkes, schlechtes Gewissen zu haben, und dass diese Person alles tun wird, was der Täter von ihr verlangt, und sich nie wieder trauen wird, je wieder Widerspruch zu leisten oder mit etwas nicht einverstanden zu sein.

Würden Sie riskieren, dass eine Person, die Ihnen wichtig ist, über Suizid redet, nur, weil Sie diese Person auf eine Verhaltensweise angesprochen haben, die Sie nicht korrekt fanden? Niemals. Sie halten lieber still und geben keinen Ton von sich, nur, um nicht ein weiteres Mal dieses Risiko eingehen zu müssen.

12.

Kennzeichnende Verhaltensweisen sind Mauern. Der Täter wird Sie ignorieren und beleidigt sein, um sein Opfer zu bestrafen. Um Sie für das Nicht-Einhalten des Rates oder der Regel des Gaslighters zu bestrafen etc. Dieser Schritt kommt hinzu, wenn die Schuldgefühle, die der Gaslighter immer weiter durch sein Verhalten und seine Handlungen verstärkt, auftreten. Wenn eine Person mauert, was tun Sie? Sie fragen sich, warum, was Sie falsch gemacht haben könnten und was geschehen ist. Wissen Sie, was Sie tun? Sie machen genau das, was der Gaslighter von Ihnen möchte. Sie hinterfragen sich selbst, Sie beschuldigen sich selbst. Wenn der Täter beginnt, Mauern um sicher herum aufzubauen, Sie auszuschließen, Sie zu ignorieren und beleidigt zu sein, beginnen Sie, sich selbst zu hinterfragen. Sie fragen sich, ob Sie sich falsch verhalten haben, ob Sie wirklich schlecht reagiert haben, ob Sie ihn wirklich ohne Grund beschuldigt haben. Denn das Ziel mit dieser Methode des Gaslighters ist es, Ihnen nicht nur Schuldgefühle einzureden, sondern auch, dass Sie weiter an sich zweifeln, dass Sie sich immer mehr und mehr selbst hinterfragen. Sie bekommen Schuldgefühle, wenn Sie den Gaslighter mit einer Situation konfrontieren.

Beispielsweise, dass dieser eine Aussage getroffen und später nicht eingehalten hat und Sie ihn darauf ansprechen und damit konfrontieren, dass genau diese Aussage getroffen und nicht eingehalten wurde. Der Gaslighter beginnt abzustreiten, dass diese Aussage jemals getroffen wurde, Sie beginnen, verwirrt zu sein, Sie fragen sich, ob Ihre Erinnerungen korrekt sind, ob Sie mit der Realität übereinstimmen, oder Sie beginnen, sich Dinge einzubilden. Diese Chance ergreift der Gaslighter, warum sollte er sich nur mit Verwirrung zufriedengeben, wenn er noch mehr anstellen kann?

Also beginnt der Gaslighter, Ihnen Vorwürfe zu machen, wie Sie nur glauben könnten, dass er Ihnen so etwas Niederträchtiges antun könnte. Er beginnt, Sie auszuschließen, bestraft Sie mit Schweigen, Missgunst, Beleidigt-Sein und Ignoranz. Es wird Ihnen eingeredet, Sie seien im Unrecht. Denn warum sollte diese Person so sehr von Ihrer Anschuldigung verletzt sein und Sie ignorieren? Hatten Sie vermutlich Unrecht? Haben Sie dieser Person Unrecht getan? Solche Fragen schwirren durch Ihren Kopf und letztendlich werden Sie vermutlich zu dem Schluss kommen, dass Sie Unrecht hatten und sich entschuldigen müssen.

Der Gaslighter hat zwei Dinge mit nur einer Verhaltensweise erreicht: Er hat Ihnen das Gefühl vermittelt, Sie würden sich nicht korrekt erinnern, dass Ihre Erinnerungen, Ihre Gedanken und Gefühle nicht zuverlässig sind. Zur gleichen Zeit wurden Ihnen von Ihrem Täter unberechtigte Schuldgefühle gegeben und das nächste Mal werden Sie es sich drei- oder viermal überlegen, ob Sie diese Person noch einmal beschuldigen, denn schließlich bedeutet sie Ihnen viel und Sie wollen diese Person nicht verlieren oder ein wiederholtes Mal verletzen.

13.

Dritte Personen werden zu Verbündeten des Gaslighters. Es können Verwandte, Freunde oder Kollegen sein oder womöglich sogar der Partner. Der Gaslighter beginnt, erfundene Geschichten, Gerüchte und Lügen in Umlauf zu bringen, um Ihnen zu schaden. Die Leute beginnen, schlecht über Sie zu denken, schlecht über Sie zu urteilen und werden Sie vermutlich mit diesen Gerüchten konfrontieren und zur Rede stellen. Falls nicht, werden Sie ignoriert, hinter Ihrem Rücken wird getuschelt und Sie fühlen sich alleingelassen. Der Gaslighter hat ein weiteres Ziel erreicht. Sie stehen allein dort. Sie haben nur noch ihn als Vertrauensperson oder als Freund, es ist Ihnen niemand anderes geblieben. Sie verlieren Ihr Selbstvertrauen und Selbstwertgefühl. Gaslighting ist auch deswegen eine Art des Mobbings.

Es gibt noch eine zweite Weise, wie das Hinzuziehen dritter Personen aussehen kann. Diese Personen werden auch zum aktiven Gaslighter. Sie haben zwei oder mehr Personen, die Ihnen gezielt durch Aussagen, Handlungen und Verhaltensweisen das Selbstvertrauen und Selbstwertgefühl nehmen und Selbstzweifel injizieren. Es werden zwei oder mehr Personen in Ihrem Umfeld haben, die gegen Sie handeln. Das Schlimme daran ist, Sie werden von Ihrem ersten Täter emotional misshandelt, Sie verlieren jedes Gefühl, das Gefühl selbst handeln zu können, die richtigen Entscheidungen zu treffen, richtig zu reagieren, Sie verlieren Ihr Selbstwertgefühl und das Vertrauen in sich selbst und dann kommt noch eine zweite Person, die Ihnen genau dasselbe Gefühl vermittelt.

Was für eine Meinung brauchen Sie noch? Selbst, wenn es "nur" ein Täter ist, sind Sie abhängig von dieser Person, weil es eine Person ist, die Ihnen nahesteht und der Sie vertrauen. In dieser Situation verlieren Sie schon jedes Gefühl der Eigenständigkeit und erhalten das Gefühl, verrückt zu sein. Sie trauen sich nicht, noch eine zweite Person hinzuziehen und nach einer anderen Meinung zu fragen. Vermutlich hat schon der Punkt Nummer elf aus dieser Liste eingesetzt und Sie stehen allein da und hinter Ihrem Rücken wird über Sie geredet und es ist niemand mehr für Sie da. Was passiert dann? Sie bekommen eine zweite Meinung. Was für eine ist das?

Der Gaslighter hat recht. Sie selbst können keine richtigen Entscheidungen treffen. Ihre Gedanken und Gefühle sind falsch und vermutlich sogar lächerlich. Alle Ihre Grundsätze und Meinungen sind nichts wert. Sie fühlen sich noch mehr verloren, Sie sind allein und haben nur noch diese Bezugspersonen, die Ihnen das

Gefühl vermitteln, Sie und Ihre Meinung wäre nichts wert oder einfach auch nur verrückt. Ihnen wird von zwei Seiten eingeredet, Ihre Erinnerungen wären falsch. Was für eine Möglichkeit haben Sie noch? Was für eine Möglichkeit haben Sie noch, an sich selbst zu glauben und sich selbst zu vertrauen, wenn Ihnen von zwei Personen eingeredet wird, Sie wären verrückt und hätten keinen Wert?

14.

Aus der Sicht des Gaslighters tragen immer alle anderen die Schuld. Natürlich vor allem Sie. Wie schon zuvor genannt, gibt es für den Gaslighter keinen Grund, die Schuldfrage nach einem Streit oder Konflikt zu klären. Denn es ist vollkommen eindeutig: Sie tragen die Schuld, nur Sie und niemand sonst.

Wenn man einen Gaslighter auf sein Verhalten anspricht, wird dieser leugnen, das, wofür Sie ihn beschuldigen, jemals getan zu haben, und beginnt, andere, vermutlich aber nur Sie, zu beschuldigen. Denn Gaslighter verdrehen gern die Realität. Sie verdrehen die Realität, bis sie ihnen gefällt und zu ihrer Sicht und zu ihren Aussagen passt. Es ist ein Teufelskreis. Denn dadurch, dass der Gaslighter wieder die Realität zu seinen Zwecken verändert, zweifeln Sie erneut an sich selbst. Sie zweifeln an Ihrer Reaktion, ob Sie vielleicht überreagiert haben, denn anscheinend, laut Täter, war es nicht so, wie Sie es in Erinnerungen haben. Haben Sie dieser Person vermutlich Unrecht getan? Sie bekommen wieder ein schlechtes Gewissen und werden den Gaslighter nicht mehr darauf ansprechen, wenn Sie eine Verhaltensweise stört oder Sie verwirrt. Sie haben nämlich viel zu viel Angst, diese Person, Ihre Vertrauensperson, von der Sie emotional abhängig sind, zu verletzen oder sogar zu verlieren. Sie werden an Ihren Erinnerungen zweifeln. Ist das so geschehen, wie Sie es in Erinnerungen haben oder doch anders? Sie beginnen zu überlegen, was mit Ihnen los ist, dass Sie sich an so etwas erinnern. Haben Sie zu viel Stress oder sind Sie einfach nur geistig verwirrt und sogar verrückt? Denn diese Person, der Sie so sehr vertrauen, wird Ihnen doch nicht einreden, Sie wären im Unrecht, wenn Sie es gar nicht wären, nicht wahr?

In einer gesunden Beziehung oder in einem gesunden Verhältnis zueinander klärt man das Geschehene, man sucht nach einer Erklärung, wie es zu dem Streit kam oder zu dieser Situation, die Sie verwirrt, gestört oder sogar verletzt hat. Man kommuniziert. Gaslighter haben jedoch das Ziel, Sie weiter zu verwirren. Sie weiter in dem Gefühl zu bestärken, immer im Unrecht zu sein, immer das falsche Gefühl und die falschen Gedanken zu haben, die falsche Reaktion und das falsche Verhalten in der Situation gezeigt zu haben, falsche Erinnerungen zu haben und geistig nicht mehr zurechnungsfähig zu sein und nicht mehr fähig zu sein, allein überleben zu können.

15.

Betrachten Sie die bisher genannten Punkte. Was fällt Ihnen auf? Was ist das größte Ziel, das Hauptziel des Gaslighters? Dass Sie sich selbst nicht mehr vertrauen. Diese Person redet Ihnen ein, Ihr Bauchgefühl sei falsch.

Jeder von uns kennt es. Es entwickelt sich schon im Kindesalter und wird mit dem Alter und der wachsenden Erfahrung immer ausgeprägter und stärker. Es sagt uns, was falsch und was richtig ist, was gut für uns ist und was nicht. Wir hören auf unser Bauchgefühl bei wichtigen Entscheidungen, gleichgültig, ob es sich um einen Job handelt und man sich nicht sicher ist, ob man für diese Verantwortung und Belastung bereit ist, oder ob es sich um einen Umzug in eine neue Stadt oder in das Ausland handelt und man nicht weiß, ob man so weit von der Familie und den Freunden entfernt sein will und ob man sich dort überhaupt wohlfühlen kann und dort neue Kontakte und neue Freunde findet oder ob es sich um eine teurere Reise, die man sich eigentlich nicht leisten kann und seine gesamten Ersparnisse dafür opfert.

Wir hören auf unser Bauchgefühl, ob man einer Person vertrauen kann, ob man Sie mögen könnte, mit dieser Person oft etwas zu tun haben könnte. Vor allem, wenn es um die Lebenspartner oder Freunde geht, hört man sehr genau auf sein Bauchgefühl. Und wenn es darum geht, ob ein Verhalten oder eine Situation für einen selbst akzeptabel ist. Das Bauchgefühl bildet sich aus den Grundsätzen jeder Person, was ihnen wichtig ist.

Ist es Ihnen wichtig, nie belogen zu werden? Ist es Ihnen wichtig, dass Sie mit dieser Person lachen können? Ist es Ihnen wichtig, dass diese Person ehrlich und liebevoll ist? Das Bauchgefühl zeigt uns, was uns im tiefsten Herzen wichtig ist und wie wir geformt sind. Wenn wir nicht auf unser Bauchgefühl vertrauen können, worauf dann? Natürlich vielleicht auf unsere Gedanken, aber wer tut das schon immer? Natürlich hört man auch nicht immer auf sein Bauchgefühl und entscheidet doch mal mit dem Kopf, aber das Bauchgefühl ist immer da und zeigt uns unseren Weg und es ist etwas, worauf immer Verlass ist. Und genau das nimmt

Ihnen der Gaslighter. Er nimmt Ihnen das Gefühl, dass Sie sich auf Ihr Bauchgefühl verlassen könnten. Er stellt Sie als hilflos dar, unfähig, richtige Entscheidungen zu treffen. Er stellt es so dar, als ob Ihre Grundsätze und die Dinge, an die Sie seit Ihrer Kindheit geglaubt hat, nichtig seien. Sie bekommen das Gefühl, alles falsch zu machen. Denn worauf können wir uns verlassen, wenn nicht auf unser Bauchgefühl? Was bleibt uns dann? Die letzte Vertrauensperson, die Person von der man emotional abhängig ist: der Gaslighter.

Was Sie dagegen tun können

Der erste Schritt zur Heilung ist, zu erkennen, dass diese Verwirrungen, die Sie in letzter Zeit permanent verspüren, zuvor nicht existent waren. Haben Sie diese Erkenntnis, merken Sie, dass etwas anders ist, dass sich etwas verändert hat und nicht so ist, wie zuvor? Sie können sich einem guten Freund, einer guten Freundin anvertrauen, über Ihre Veränderung reden und beginnen, die Ursachen zu entdecken. Wenn dies jedoch nichts für Sie ist, können Sie sich auch therapeutische Unterstützung suchen, und Ihre Verhaltensweisen und Veränderungen analysieren und auf neutraler Basis darüber sprechen, was in Ihnen vorgeht, und Sie können gemeinsam eine Lösung finden, dies wieder zu bereinigen.

Jedoch begreifen Sie selbst erst das Ausmaß der Manipulation im Nachhinein. Außenstehende können Ihnen helfen, eine klare Sicht auf das Vergangene und auf die Manipulationen, Verleugnungen und Lügen des Gaslighters zu haben.

Im nächsten Schritt sollten Sie beginnen, die emotionale Abhängigkeit zu lösen. Dies kann durchaus schwerfallen, denn der Gaslighter ist meist eine Vertrauensperson, wie zum Beispiel der Partner. Ist es der Partner oder eine andere Person, die zuvor emotional sehr nahe war, kann es sehr lange dauern und sehr schwer sein, diese emotionale Abhängigkeit loszuwerden. Generell wird es als das Opfer, Gaslightee, schwer, denn diese Person, Ihr Täter, hat während der Manipulation begonnen, Ihr Bauchgefühl zu ersetzen. Sie haben jegliches Vertrauen in sich selbst verloren, auf Ihre Entscheidungen und Gefühle, Erinnerungen ist kein Verlass mehr. Dank des Gaslightings. Alle Entscheidungen hat der Gaslighter in dieser Zeit getroffen. Der Täter hat Ihnen gesagt, was Sie fühlen sollen. Diese emotionale Abhängigkeit zu lösen, kann oftmals sehr lange dauern und Sie benötigen Unterstützung. Häufig wurden die Opfer von Gaslighting zuvor schon einmal manipuliert. Daraus resultierte, dass Sie Ihrer Wahrnehmung nicht mehr vertrauen und das Verhalten des Gaslighters beschwichtigen wollen. Womöglich kommen Gedanken auf, dass dieses Verhalten nur eine Phase sei, dass es sicher nicht so gemeint war, dass die Person sich ändern wird. Natürlich kann man nicht immer sagen, alles ist genauso erniedrigend gemeint, wie es bei Ihnen angekommen ist, es gibt Fälle, in denen das nicht so gemeint war. Kommt dies jedoch sehr häufig vor, sollten Sie sich fragen, warum diese vermeintlichen Missgeschicke in der Kommunikation in kurzen zeitlichen Abständen immer wieder eintreten. Vielleicht, weil sie von dieser Person genauso gemeint sind und es keine Missgeschicke in der Kommunikation sind.

Der beste Schritt, den Sie machen können, ist der Kontaktabbruch. Brechen Sie umgehend den Kontakt zu dieser Person ab und zerstören Sie dessen emotionalen Einfluss auf Sie. Nur mit dieser entstandenen Distanz und ohne den Einfluss dieser Person können Sie sich von dieser Person lösen und wieder klare Gedanken fassen. Sie beginnen womöglich erst dann, die Ausmaße der Manipulation, die der Gaslighter auf Sie ausgeübt hat, zu realisieren. Überprüfen Sie die Aussagen des Gaslighters, dies wird Ihnen Bestärkung geben. Sie werden Beweise dafür haben, dass diese Person Sie manipuliert, betrogen und belogen hat. Dadurch werden Sie sich zwar im ersten Moment verletzt fühlen, aber Sie werden realisieren, dass Ihr eigenes Gefühl die ganze Zeit über richtig war.

Hilfe kann in zwei Formen geschehen: Sie holen sich professionelle Hilfe und lassen jemanden, der sich damit auskennt und der einen neutralen Blick auf die Situation hat, über die Geschehnisse mit Ihnen reden, oder Sie holen sich Hilfe in Form eines Freundes oder eines Familienmitglieds, diese kennen Sie sehr gut und können womöglich mehr auf Ihre eigenen Bedürfnisse bei der Bewältigung der Vergangenheit eingehen.

Typische Aussagen von Gaslightern

Zu Beginn muss man klarstellen, dass man natürlich differenzieren muss: Nur, weil jemand eine dieser Aussagen benutzt, heißt es nicht direkt, dass diese Person Ihr Gaslighter ist. Sie müssen auf die Häufigkeit achten, auf das Ausmaß der Sachen und wie Sie sich selbst dabei fühlen. Fühlen Sie sich verloren, fühlen Sie sich so, dass Sie nicht mehr auf sich selbst vertrauen können, und bestärkt eine Person in Ihrem Umfeld dieses Gefühl? Wenn Sie all diese Fragen mit einem Ja beantworten können, werden die folgenden Aussagen für Sie relevant sein. Gaslighter nutzen meist ein wiederholendes Muster. Sie greifen in gewissen Zeitabständen immer wieder dieselben Punkte an, um Sie mehr zu verunsichern. Aber es ist doch normal, dass jemand mal nicht Ihrer Meinung ist. Es ist auch vollkommen normal, dass Sie sich mal selbst hinterfragen. Es ist auch normal, dass Sie das auch erst nach einer Aussage einer anderen Person machen. Was jedoch ein Warnsignal ist, ist die Häufigkeit, das Ausmaß und die Formulierung der Aussagen der anderen Person.

Typische Aussagen eines Gaslighters sind beispielsweise "Sie sind ja nicht normal", "Mit Ihnen hält es keiner aus", "Seien Sie froh, dass ich noch zu Ihnen halte", "Das habe ich so nie gesagt", "Mit Ihrer Wahrnehmung stimmt etwas nicht". Diese Aussagen vermitteln Ihnen das Gefühl, als wären Sie allein, als wären Sie verrückt, als könnten Sie niemandem außer dieser Person trauen, denn Sie denken, dass dies die einzige Person ist, die ehrlich zu Ihnen ist.

Oftmals ist Ihr eigenes Bauchgefühl ein guter Hinweis, dem Sie zumindest Beachtung schenken sollten, um ein Gespür für Gaslighting zu entwickeln und ob Sie davon betroffen sind.

Meinung der amerikanischen Psychologin Dr. Stephanie Sarkis

Wenn es zur Schuldfrage während eines Konflikts zwischen Opfer und Täter kommt, ist sofort klar, wer der Schuldige ist. Natürlich Sie, das Opfer ist es immer. Es werden Behauptungen aufgestellt, was Sie alles falsch gemacht haben. Diese Situationen werden Ihnen bis in das kleinste Detail beschrieben, und zwar bis Sie es glauben. Folglich beginnen Sie, sich zu verbiegen und zu verändern, um diese Situationen, die Ihnen beschrieben wurden, zu umgehen.

Ein weiteres großes Thema, dass Dr. Stephanie Sarkis beschreibt, ist die Scheinheiligkeit. Denn die Handlungen des Gaslighters passen nicht zu seinen Aussagen. Vielleicht behauptet er, etwas getan zu haben, was er nie getan hat. Vielleicht macht er Ihnen Versprechungen, die er nie einhalten wird.

Der Zeitfaktor: Das Gemeine an Gaslighting ist nicht nur, dass Sie sich selbst verlieren, sondern auch, wie viel Zeit Sie verlieren, denn das Gaslighting geschieht nicht über Nacht. Gaslighting ist ein Vorgang, der mehrere Jahre bis Jahrzehnte andauern kann. Es werden von Zeit zu Zeit mal kleinere, mal größere Lügen verbreitet. Man ahnt nichts von der drohenden Gefahr, bis sie eintritt.

Gaslighter sind gut im Integrieren. Sie stellen falsche Behauptungen auf und lügen sehr häufig. Als Opfer muss man sich klar werden, dass diese Aussagen nicht der Wahrheit entsprechen, sondern nur dazu dienen, Sie zu verunsichern. Sie werden beginnen, sich von Menschen fernzuhalten. Sie isolieren sich, der Täter gewinnt mehr Kontrolle über Sie, da er oder sie zu Ihrer einzigen Bezugsperson wird.

Folgen für Opfer

Gaslighting ist ein Prozess, der sich über einen längeren Zeitraum erstreckt. Dadurch manifestieren sich die Demütigungen, die der Täter dem Opfer hinzugefügt hat. Das Opfer beginnt, eine neue und falsche Selbstwahrnehmung zu entwickeln, infolgedessen leiden sie unter komplexen psychischen Erkrankungen. Zu den häufigsten Erkrankungen zählen Depressionen, posttraumatische Belastungsstörungen sowie dissoziative Störungen.

Frühe Anzeichen einer Depression sind meist unspezifisch und können ebenfalls ein Hinweis auf andere Erkrankungen sein. Die folgenden Symptome können nach belastenden Ereignissen eintreten und dies über Wochen oder Monate hinweg. Möglichst erste Anzeichen sind Schmerzen, wie zum Beispiel unspezifische Kopf- oder Bauchschmerzen oder ständige Müdigkeit und Energiemangel, nachlassendes sexuelles Interesse, aber auch Reizbarkeit und Angst. Weitere Hinweise sind zunehmende Lustlosigkeit, Apathie, Schlaflosigkeit sowie Appetitlosigkeit. Als Hauptsymptome gelten depressive Stimmungen, wozu jedoch keine Trauer zählt, Interessenlosigkeit, Freudlosigkeit und erhöhte Ermüdbarkeit. Patienten, die von einer Depression betroffen sind, merken dies meist nicht und zeichnen ihre Gefühle und ihr Verhalten als kurzzeitige Phase ab.

Es entsteht bei dieser Krankheit oftmals ein Teufelskreis, denn die Familie, Freunde und Partner beginnen auch, unter dieser Krankheit zu leiden, dadurch kommt der Betroffene selbst nicht mehr aus der Depression. Als Folge leiden depressive Menschen an dem Missbrauch von Alkohol, Medikamenten und Drogen. Das höchste Risiko bei dieser Krankheit ist die Selbsttötung. Personen, die unter mehrfach wiederkehrenden schwer depressiven Phasen leiden, bilden das höchste Risiko: 10 bis 15 % dieser Patientengruppe sterben an Suizid. Patienten, die solche Symptome aufweisen, sollten sich therapeutische Unterstützung suchen. Natürlich sollten Sie auch mit seinen Vertrauenspersonen darüber reden, diese werden auch Verständnis für Ihre Situation haben und Sie unterstützen. Jede starke Beziehung kann so eine Krankheit besiegen. Dennoch wird eine professionelle Unterstützung empfohlen, damit Sie nicht in diesen Teufelskreis hineingeraten.

Eine posttraumatische Belastungsstörung, kurz PTBS, ist eine psychische Reaktion auf ein belastendes Ereignis. Diese Reaktion tritt meist verzögert ein und das Ereignis liegt bereits einen längeren Zeitraum zurück in der Vergangenheit. Auslöser ist meist ein Unfall, Verbrechen, Naturkatastrophen oder kriegerische Auseinandersetzungen. Die Betroffenen erleben erneut ein Gefühl der Angst und Schutzlosigkeit, sie empfinden Kontrollverlust und Hilfslosigkeit.

Man kann diese Krankheit in zwei Typen aufteilen: Das Typ-1-Trauma ist eine einmalige dramatische Erfahrung, wie ein Unfall oder eine Naturkatastrophe etc. Das Typ-2-Trauma ist ein andauerndes, wiederholendes traumatisches Erlebnis wie Missbrauch oder Folter, Dinge, die gezielt von Menschen eingesetzt werden. Kennzeichnend für diese Krankheit, dass die kleinsten Dinge, wie ein bestimmtes Bild, ein Geräusch oder ein Geruch, die Erinnerung an dieses traumatische Ereignis wieder aufleben lassen. Dabei bemerkt der Betroffene nicht, dass das Ereignis bereits in der Vergangenheit liegt. Der Betroffene erfährt Angstzustände und ein Gefühl der Hilfslosigkeit. Übererregbarkeit sowie Schlafstörungen gehören auch zu den Symptomen der posttraumatischen Belastungsstörung. Hohe Reizbarkeit, Schreckhaftigkeit und Konzentrationsstörungen gehören zu den selteneren Symptomen.

Wie bei Depressionen sollten sich Patienten dieser Krankheit therapeutische Unterstützung suchen. Mit der Hilfe von Freunden und Familie kann man versuchen, die traumatischen Erlebnisse aufzuarbeiten, jedoch ist in solchen Fällen die Hilfe von jemandem, der ausgebildet ist, besser geeignet.

Bei einer dissoziativen Störung ist es möglich, dass sich die Betroffenen nicht mehr an Ereignisse erinnern können, die sich über Minuten, Stunden oder einen längeren Zeitraum erstreckt haben. Sie können das Gefühl haben, dass Ihnen Erinnerungen an einen längeren Zeitraum fehlen. Außerdem fühlen Sie sich von Ihrem Verhalten, Ihrem Körper, Ihren Emotionen, Ihren Erinnerungen losgelöst. Sie fühlen sich von sich selbst, Ihrer Identität und Ihrer Umgebung losgelöst. Sie fühlen sich nicht mehr zugehörig. In diesem Fall ist ein

Gespräch mit einer Person, der Sie vertrauen und die Sie gut und lange kennt, sehr zu empfehlen.

Letzte Worte zu dem psychischen Missbrauch Gaslighting

Kannten Sie den Begriff Gaslighting und was er für Sie und unsere Gesellschaft bedeuten kann? Die meisten in der Bevölkerung kennen das Wort Gaslighting nicht, geschweige denn, was es bedeutet. Das Problem ist, dass das Wort Gaslighting bei den meisten Menschen nichts auslöst. Leider sind Depressionen die einzige psychische Krankheit, die die meisten Leute kennen. Unter Begriffen wie Narzissmus oder dissozialer Störung verstehen die Menschen nichts. Dabei ist es so wichtig, die Leute aufzuklären und Ihnen auch vor Augen zu führen, dass sie vielleicht unter Gaslighting leiden.

Würden Sie, ohne diesen Artikel gelesen zu haben, wissen, was Gaslighting ist, und könnten Sie sich von selbst ableiten, dass Sie womöglich selbst davon betroffen sind? Das Problem bei Gaslighting ist es vor allem, dass die Betroffenen nicht realisieren, dass sie unter emotionalem Missbrauch leiden. Sie merken nicht, wie sehr sie sich selbst verändern oder ihr Gegenüber, ihr Gaslighter. Dieser Prozess geht über Jahre und Jahrzehnte. Würden Sie einer Person, der Sie nahestehen und der Sie aus tiefsten Herzen Vertrauen, nachsagen, dass sie Ihnen etwas Böses will?

Kritik ist ein Zeichen für Gaslighting. Diese Person kritisiert Sie immer und immer wieder und mit vielen unterschwelligen Andeutungen und Aussagen. Aber woher wissen wir, dass diese kritischen Aussagen wirklich böse gemeint sind? Woher weiß man das? Kann Kritik nicht auch etwas Gutes sein? Ist Kritik nicht auch etwas, was uns über unsere Grenzen hinauswachsen lässt? Man muss es genau analysieren und nur damit kann man es erkennen. Werden Sie von dieser Person nur kritisiert oder erhalten Sie auch Tipps und Ratschläge, um das zu ändern oder zu optimieren? Werden Sie auch einmal gelobt, erhalten Sie Worte der Anerkennung, wenn Sie es sich abgewöhnt haben, auf den Nägeln zu kauen, oder wird direkt eine neue kritische Aussage getroffen? Kritik ist nichts Verwerfliches. Selbstkritik kann gut sein. Aber in Maßen, Sie könnten sich kritisieren, in einem Rahmen, in dem Sie auch wirklich die Möglichkeit haben, sich zu verbessern, oder, wenn Sie wissen, dass Sie etwas besser hätten machen können und sich dann dafür kritisieren, dass Sie es nicht besser getan haben, aber sich vornehmen, es das nächste Mal mindestens doppelt so gut zu machen. Man sollte niemals Kritik mit Selbsthass oder Selbstverachtung verwechseln. Sie sollten wissen, wo Ihre Stärken liegen und dass Sie welche haben.

Das Schwierige an der Erkennung und Bekämpfung von Gaslighting ist, dass man es meistens nicht erkennt und auch nicht sehen will, dass eine Person, die einem selbst nahesteht, es gezielt darauf anlegt, Sie zu verletzen. Diese Angst, selbst wenn man die Zeichen sieht, ist zu groß. Wer möchte gern realisieren, dass der Partner oder die Eltern einen gezielt manipulieren? Vor allem, nur um sich selbst besser und machtvoll zu fühlen. So jemanden würden Sie doch niemals in Ihr Leben lassen und auch bei sich behalten wollen, nicht wahr? Das ist es nämlich. Man verschließt die Augen. Man will nicht sehen, dass man so jemanden in seinem Leben hat, dass man so jemanden liebt und einfach nicht realisieren und glauben will, dass es so eine Person ist. Ist das nicht die größte Angst jedes Menschen? Allein zu sein und ungeliebt? Der Gaslighter hat Ihnen, in diesem Prozess, das Gefühl gegeben, nicht genug zu sein, allein zu sein. Sie haben das Gefühl, allein auf dieser Welt zu sein, von jedem, von dem Sie dachten geliebt zu werden, nicht geliebt wurden und es alles nur eine Manipulation war. Es war aber nicht eine Manipulation von all diesen Personen, sondern von Ihrem Gaslighter, der vermeintlich einzigen Person, denen Sie noch etwas bedeuten.

Diese Person wird Ihnen einreden, dass Sie vollkommen allein auf dieser Welt sind, dass alle Menschen, von denen sie gedacht haben, Sie könnten ihnen Vertrauen, nur Leute waren, die eine bestimmte Sache von Ihnen wollten und Sie dann fallen lassen würden. Diese Person hat Ihnen eingeredet, sie wäre die einzige Person auf der Welt, auf die Sie sich noch verlassen könnten, die einzige Person, die hinter Ihnen steht. Sie haben das Gefühl, dass Sie selbst kein Gefühl mehr dafür haben, wer ehrlich zu Ihnen ist. Sie können anderen

Personen nicht mehr Vertrauen, Sie haben das Gefühl, dass alles und jeder Sie nur manipuliert, Sie für eine Sache benutzt, aber das redet Ihnen nur der Gaslighter ein. Sie werden nie wieder jemanden so Vertrauen können. Sie haben dann immer wieder Angst, dass Sie nur für diese eine Sache missbraucht werden oder dass Personen, die Sie mögen, nicht wirklich mögen, sondern nur so tun, aber das auch nur durch den Einfluss von dem Gaslighter und selbst, wenn Sie realisieren, dass Sie von einem Gaslighter missbraucht und manipuliert wurden, werden Sie nie wieder einen Schritt dorthin zurückgehen können, als Sie all ihre Freunde und Vertrauenspersonen außerhalb des Gaslighters verloren haben. Nur, weil Sie auf dessen Worte gehört haben.

Das Schlimme beim Gaslighting ist auch nicht nur, dass Sie glauben, Sie wären allein mit dem Gaslighter auf dieser Welt, sondern, dass Sie auch noch das Gefühl haben, nicht mehr zu wissen, wer Sie sind. Sie wissen nicht mehr was Ihre Gedanken waren oder was die Gedanken des Gaslighters waren, der Ihnen diese Gedanken nur injiziert hat. Diese Linie zwischen Ihren Gedanken und denen des Gaslighter verschwimmt, diese Linie existiert nicht mehr. Sie werden nicht mehr wissen, wer Sie sind. Sie werden nicht mehr wissen, was Ihre Meinung zu einer gewissen Sache war. Wenn dieser Prozess über Jahre oder Jahrzehnte geht, sind Sie eine ganz andere Person geworden. Wenn es Ihnen als Kind oder als Jugendlicher passiert ist, dass Sie ein Opfer des Gaslightings waren, durch Ihre Eltern oder nähere Verwandte, und nichts dagegen getan wurde, wissen Sie auch nicht mehr, ob Sie eine ganz andere Person wären, wäre das nicht passiert.

Sie müssen sich neu entdecken, Sie wissen nicht, wer Sie im tiefsten Inneren sind und das ist genau das Problem von Gaslighting: Man verliert sich selbst, man bindet sich an jemanden, der einem Schaden will. Man baut eine emotionale Bindung zu dieser Person auf, die einen selbst nur manipulieren will, um sich besser zu fühlen, nur, weil dieser Person als Kind weh getan wurde und der Person gesagt wurde, sie wäre nicht genug. Sie gibt Ihnen das Gefühl, Sie wären nicht genug und übt diese Macht, die emotionale Macht auf Sie aus. Sie wissen nicht mehr, was gelogen war. Sie werden auch Jahre danach brauchen, um darüber hinwegzukommen, es sei denn, Sie suchen sich Unterstützung, wenn Sie den Kontakt zu Ihrem Gaslighter abgebrochen haben, so schwer es auch fallen mag.

Finden Sie zurück zu Ihren wahren Freunden, von denen der Gaslighter behauptet hat, es wären nicht

Ihre wahren Freunde, nur er wäre der wahre Verbündete. Finden Sie wieder zu diesen Freunden zurück, wenden Sie sich an diese Person, reden Sie mit dieser Person oder begeben Sie sich in therapeutische Hilfe, wenn das für Sie besser ist. Denn letztendlich kann auch nur jemand vom Fach Ihnen bei diesem Schaden helfen, denn der Schaden ist Vertrauensverlust. Vertrauensverlust nicht nur gegenüber anderen Leuten und der Gesellschaft allgemein, sondern auch Vertrauen in Sie selbst, denn der Gaslighter hat Ihnen immer wieder eingeredet, Ihre Erinnerungen wären falsch. Sie haben auch kein Vertrauen mehr in Ihre Gefühle, Sie wissen nicht, ob diese glücklichen Empfindungen, die Sie zu einem Zeitpunkt haben, wirklich echt sind. Sie wissen nicht mehr, was Ihre Gedanken sind, was Ihre eigenen Gedanken sind, was Ihre eigenen Werte sind, was Ihre Grundsätze sind.

Sie müssen sich komplett neu erfinden und erfahren, was Sie wollen, was Ihre Träume sind, was Ihre Wünsche und Bedürfnisse sind. Unabhängig von dieser Person, die Ihnen eingeredet hat, Sie wären eine Person, die Sie vielleicht auch gar nicht sind, die Sie nie sein werden, und genau das ist der Punkt. Wenn Sie realisieren oder erkennen, auch wenn es Jahrzehnte später ist, dass Sie nicht diese Personen sind und auch nicht sein wollen, dann müssen Sie den Kontakt zu Ihrem Gaslighter abbrechen, zu dem Täter, der Sie emotional missbraucht hat, der Sie manipuliert hat und zu einer anderen Person gemacht hat, die Sie nicht sind, nur, weil diese Person ein Gefühl der Macht haben wollte. Sie müssen den Kontakt dann abbrechen und sich Hilfe suchen. Sie müssen Zeit haben und Zeit finden für sich selbst, um zu erkennen, was für eine grandiose Person Sie sind, dass Sie jeder mag, der Sie näher kennenlernt, Ihr wahres Ich kennenlernen und dass Sie sich vor nichts und niemandem verstecken brauchen, dass es immer jemanden geben wird, der hinter Ihnen steht und das auch ehrlich meint, und dass Sie nicht allein auf dieser Welt sind.

Gaslighting muss ein Begriff werden, den mehr Leute kennen. Es muss ein Begriff werden, bei dem mehr Leute wissen, worum es sich handelt, um welchen Missbrauch es sich handelt und was Ihnen da widerfährt, denn es leiden viel mehr Menschen unter Gaslighting, als uns eigentlich in dieser Gesellschaft bewusst ist, als Ihnen auch selbst bewusst ist.

Gaslighting ist etwas, was Sie bekämpfen können, noch mehr: Sie müssen herausfinden, dass Sie davon betroffen sind, und Sie müssen dem ins Auge blicken und es schaffen, zu sich selbst zu finden.

Herstellung und Verlag:

BoD – Books on Demand, Norderstedt

ISBN: 9783753490489

© Sophie Immenga 2021

1. Auflage

Kontakt: Psiana eCom UG/ Berumer Str. 44/ 26844 Jemgum

Covergestaltung: Fenna Larsson

Coverfoto: depositphotos.com